I0172857

9 781990 157066

ژان

محسن عظیمی

از نمایشنامه‌های ایران - ۳

به خنیاگری نغز آورد روی   که: چیزی که دل خوش کند، آن بگوی

ژان

از نمایشنامه‌های ایران - ۳

نویسنده: محسن عظیمی

دبیر بخش «از نمایشنامه‌های ایران»: مهسا دهقانی‌پور

ویراستار: مهسا دهقانی‌پور

مدیر هنری و طراح گرافیک: عبدالرضا طبیبیان

چاپ اول: زمستان ۱۳۹۹، مونترال، کانادا

شابک: ۶-۰۶-۹۹۰۱۵۷-۱-۹۷۸

مشخصات ظاهری کتاب: ۸۲ برگ

قیمت: ۷٫۵ £ - ۸٫۵ € - CAN $ ۱۳ - US $ ۱۰

|انتشارات انار|

نشانی: 746A, Plymouth Av., Montreal, QC, Canada

کدپستی: H4P 1B1

ایمیل: pomegranatepublication@gmail.com

اینستاگرام: pomegranatepublication

پیشکش به مادرم
و تمام مادران جهان
که به پای من و تو سوختند

فهرست

هاری

با نگاهی به بمباران شیمیایی حلبچه
و یا هر جای دیگری...

آدم‌های نمایش:

روژیار[1]: زنی تکیده و لاغر، سی‌وهفت‌هشت ساله

ریبوار[2]: مردی چهل‌وچند ساله با چهره‌ای مصمم

آژین[3]، دخترِ روژیار: شانزده‌هفده ساله، با چشمانی معصوم

همسرِ روژیار: سی‌وسه‌چهار ساله

مادر: پنجاه‌وچند ساله

۱- نامی کُردی برای دختران به‌معنای یار خورشید.

۲- نامی کُردی برای پسران به‌معنای رهگذر و سالک که در تلفظ کردی، حرف واوش خوانده نمی‌شود.

۳- نامی کُردی برای دختران به‌معنای زندگی.

(مادر و همسر با همان سن و سالی که کشته شده‌اند، دیده می‌شوند و ریبوار هربار که دیده می‌شود لباس‌ها و چهره‌اش برحسب ذهنیت روژیار تغییر می‌کند.

روژیار خوابیده و هرچه تقلا می‌کند نمی‌تواند از خواب بیدار شود. صدای نفس‌های خش‌دار و بریده بریده‌اش به‌گوش می‌رسد. آرام آرام از دوردست صدای زوزه‌ی سگی در باد به گوش می‌رسد که نزدیک و نزدیک‌تر شده و یکباره به صدای گله‌ای سگِ هار، در حال تکه تکه‌کردن و دریدن تبدیل

می‌شود. روژیار چشمانش را باز می‌کند. یکباره صدای نفسهایش و صدای سگها به شکلی وحشت‌زا در درهم می‌پیچد و به اوج می‌رسد. همزمان از یک‌سو همسرش با تشنگیِ تمام در حال سرکشیدن آب و از سویی دیگر، مادر دیده می‌شود. مادر استخوانهایی تکه تکه شده را از خاک جدا می‌کند و همسرش بی‌آنکه سیراب شود از ظرفی خالی، همچنان آب می‌نوشد. ریبوار در حالی که گلی سفید و پر پر را جلوی صورتش گرفته به سوی روژیار می‌آید، اما هرچه می‌آید به او نمی‌رسد. آرام آرام با فروکش کردن صداها، روژیار چشمانش را می‌بندد. همه در تاریکی گم می‌شوند.
اژین روی تپه است. درحال کاشتن یک قلمه‌ی گل‌سرخ. با قلمه‌ی گل‌سرخ حرف می‌زند.)

اَژین: باید جون بگیری و سبز بشی. تموم تپه باید پر شه از گلهای سرخ. گلهای سرخی که سرخ و سرخ و سرختر بشن و تپه رو سرخ کنن. اون وقت می‌تونم دست مامان رو بگیرم و بیارم روی تپه. می‌دونی چند ساله روی تپه نیومده؟ اون می‌گه اون وقتها تموم تپه پر از گلهای سرخ بوده. فکر می‌کنه دیگه هیچ گل‌سرخی روی تپه سبز نمی‌شه. ولی تاتی[1] می‌گه می‌شه. اون همیشه از عشق روژیار و ریبوار می‌گه و شعر گل‌سرخ رو برام می‌خونه. می‌گه اون وقتها این شعر رو ریبوار برای مامان گفته و حالا دیگه یه آوازی شده که همه می‌خوننش. اون خیلی مهربونه، تنها کسی‌یه که من و

۱- اصطلاحی‌ست که برای مادر، عمه، مادربزرگ و یا هر زن مسنی که چنین نقشی برای یک خانواده دارد، به‌کار می‌رود؛ شبیه بی‌بی.

مامان رو دوست داره. مامان می‌گه این یه قصه‌س. می‌گه هیچ‌وقت عاشق نشده. اصلاً عشق براش هیچ مفهومی نداره. می‌گه ریبواری وجود نداشته. ولی من حرفهاش رو باور نمی‌کنم. اون نمی‌خواد از گذشته چیزی بگه. نمی‌خواد به گذشته فکر کنه، ولی من می‌دونم گذشته همیشه باهاشه. هیچ‌وقتم ولش نمی‌کنه.

(روژیار چشمانش را باز می‌کند. ریبوار از دل تاریکی به او نزدیک می‌شود.)

ریبوار: (با لحنی که برای روژیار خیلی آشناست.) روژیار.

(روژیار خَش‌دار و ممتد سرفه می‌کند.)

ریبوار: روژیار.

(روژیار نفسهای عمیق می‌کشد.)

ریبوار: روژیار.

(روژیار به خود می‌لرزد ولی خودش را کنترل می‌کند.)

ریبوار: روژیار.

(روژیار بغضش می‌ترکد ولی جلوی خودش را می‌گیرد.)

ریبوار: روژیار.

(یکباره بغضِ فروخورده‌ی روژیار به خشم تبدیل می‌شود.)

ریبوار: روژیار.

(روژیار با نفرت نگاهش می‌کند.)

ریبوار: روژیار.

(روژیار نفرتش بیشتر و بیشتر می‌شود.)

ریبوار: روژیار.

(روژیار تنفرش با عصبانیت همراه می‌شود.)

ریبوار: روژیار.

(روژیار با تنفر و عصبانیتِ تمام به او پشت می‌کند.)

ریبوار: روژیار.

(روژیار می‌خواهد چیزی بگوید ولی نمی‌تواند.)

ریبوار: روژیار، منم، ریبوار.

روژیار: چرا برگشتی؟

ریبوار: خب معلومه.

روژیار: معلوم نیست.

ریبوار: نیست؟!

روژیار: نه، نیست.

ریبوار: پس قرارمون؟

روژیار: کدوم قرار؟

ریبوار: یادت رفته؟!

روژیار: باید یادم می‌موند؟

ریبوار: یعنی هیچی یادت نیست؟!

روژیار: هیچی.

ریبوار: آخه چرا؟!

روژیار: چونکه دیگه دیر شده.

ریبوار: هنوز نشده روژیار.

روژیار: شده، خیلی هم دیر شده.

ریبوار: من برگشتم.

روژیار: ولی باید بری.

ریبوار: برم؟!

روژیار: نباید کسی تو رو ببینه.

ریبوار: الآن که دیگه کسی نیست.

روژیار: آره، نیست. منم دیگه نیستم.

ریبوار: هستی.

روژیار: نیستم.

ریبوار: هستی، من دارم می‌بینمت.

روژیار: دیگه نمی‌تونی ببینی.

ریبوار: ولی من اومدم ببینمت.
روژیار: چی رو ببینی؟
ریبوار: چشمهای سیاهت رو.
روژیار: پر از خون شدن، ندیدی؟
ریبوار: لبهای سرخت.
روژیار: تیکه تیکه شدن، نمی‌بینی؟
ریبوار: گونه‌های گل‌گونت.
روژیار: پژمردن، ببین!

(سکوت. یک آن نگاهشان در هم گره می‌خورد. روژیار روی برمی‌گرداند. ریبوار روبه‌رویش می‌رود. دوباره روژیار روی برمی‌گرداند.)

ریبوار: خیلی عوض شدی روژیار.
روژیار: همه‌چی عوض شده.
ریبوار: ولی من هنوز همون ریبوارم.
روژیار: نیستی.
ریبوار: هستم، من هنوز هم همون ریبوارم.
روژیار: کدوم ریبوار؟
ریبوار: همونی که تو می‌خواستی.
روژیار: می‌خواستم، ولی دیگه نمی‌خوام.
ریبوار: همون که آخرین بار روی همین تپه، بهت گفت وقتی برگشتم چی برات بیارم؟ گفتی اون گل‌سرخ.
روژیار: دیگه هیچ گل سرخی نیست، همه‌شون پلاسیدن.
ریبوار: همون که آخرین شعرش، شعرِ گل‌سرخ بود که تو

خیلی دوستش داشتی.

روژیار: کدوم شعر؟

ریبوار: شعرِ گل‌سرخ.

روژیار: کدوم گل‌سرخ؟

ریبوار: (شعرِ گل‌سرخ را می‌خواند.)
تو فقط آن گل‌سرخ را از من می‌خواستی،
همین.
برگ برگِ گل‌برگ‌هایِ آن گل‌سرخِ صد برگ را
که با بوییدنش نفس‌مان تازه می‌شود و
این خاکِ خون‌مرده
دوباره جان می‌گیرد.
تو فقط آن گل‌سرخ را از من می‌خواستی،
همین.
و من به جست و جویش
از این‌همه خارهای آهنی
که تنیده‌اند
بر تن‌پوشِ زخمیِ این خاکِ خون‌مرده،
می‌گذرم و برمی‌گردم اما.

روژیار: اما هر چی بود حالا دیگه تموم شده.

ریبوار: نشده روژیار.

روژیار: شده.

ریبوار: هنوز تموم نشده.

روژیار: تو خودت تمومِش کردی.

ریبوار: چی رو تموم کردم؟

روژیار: همه‌چی رو.

ریبوار: همه‌چی یعنی چی؟

روژیار: یعنی هیچی. یعنی باید برگردی.

ریبوار: بازم؟!

روژیار: برای همیشه.

(روژیار چشمانش را می‌بندد. ریبوار در تاریکی گم می‌شود. اژین روی تپه. درحال کاشتن یک قلمه‌ی گل‌سرخ دیگر. قلمه‌ی قبلی کمی رشد کرده. شادمانه با قلمه‌ی گل‌سرخ حرف می‌زند.)

اَژین: دیشب یه خواب خوب دیدم، تاتی می‌گه تعبیرش اینه که خیلی زود خوب می‌شم. خواب دیدم داشتم می‌دویدم. دیگه مثل همیشه دو ساعت طول نکشید که برسم. از خونه که زدم بیرون دو دقیقه‌ای رسیدم روی تپه. انگار داشتم پرواز می‌کردم. دیگه از چشمهام آب نمی‌اومد. می‌تونستم راحت نفس بِکشم، مثل باد. پوستم هیچ تاولی نداشت. تپه رو نمی‌دونی چقدر خوشگل شده بود. پر شده بود ازگلهای سرخ. عین همون قدیمها که مامان می‌گه. قبل از بمبارون شیمیایی. مامان هم رو تپه بود. آره. نمی‌دونی چقدر خوشگل شده بود، هم‌سن و سال من بود. تاتی می‌گه این یعنی مامانت عاشقه. می‌گه مامان اون موقع اون‌قدر زیبا بوده که همه‌ی مردها آرزوشو داشتن. راست می‌گه روی تپه هم مامان مثل یه تیکه زمین سبز بود و تموم تنش پر شده بود ازگلهای سرخ. با صدای بلند می‌خندید و آواز گل‌سرخ رو می‌خوند.

(روژیار چشمانش را باز می‌کند. ریبوار از دل تاریکی به او نزدیک می‌شود.)

ریبوار: روژیار، منم، ریبوار.

روژیار: چرا برگشتی؟

ریبوار: خب معلومه.

روژیار: معلوم نیست.

ریبوار: نیست؟!

روژیار: نه، نیست.

ریبوار: ولی من اومدم روژیارم رو ببینم.

روژیار: کدوم روژیار؟!

ریبوار: همون دختری که عاشق گل سرخ بود.

روژیار: بود.

ریبوار: تا چشمهام به چشمهای سیاهش می‌افتاد گونه‌هاش سرخ می‌شد و لبهای سرخِش گل‌گون می‌شد.

روژیار: می‌شد.

ریبوار: صداش مثلِ صدای نسیم که گونه‌ی وحشی علفهای صحرا رو نوازش می‌کنه، صاف و زلال بود.

روژیار: دیگه نیست.

ریبوار: اون‌قدر دل‌نازک و مهربون بود که نمی‌تونست اگه کسی چیزی ازش می‌خواست، بگه نه.

روژیار: (با تأکید) نه. نه. ولی حالا خیلی خوب می‌تونه بگه نه. چون توی تمومِ این سالهای سیاه جزنه، هیچ حرف دیگه‌ای نشنیده.

ریبوار: (نزدیکش می‌شود.) روژیار.

روژیار: (دور می‌شود.) نه.

ریبوار: روژیار من می‌تونم.

روژیار: نمی‌تونی.

ریبوار: می‌تونم. می‌تونم دوباره برات یه شعر تازه بخونم.

روژیار: دیگه هیچ‌کی نیست بهت گوش بده.

ریبوار: مثل همون ظهرهای داغی که همه می‌رن قبرستون گریه کنن، دوباره باهات قرار بذارم و بخندونمت.

روژیار: حالا دیگه تموم این خاک قبرستون شده.

ریبوار: دستهات رو توی دستهام بگیرم و...

روژیار: نمی‌تونی.

ریبوار: دیگه چرا روژیار؟

روژیار: چون نمی‌شه.

ریبوار: چرا؟

روژیار: چون باید بری. مثلِ من و خیلی‌های دیگه که باید می‌رفتیم وگرنه باید می‌مُردیم.

ریبوار: ولی من تازه پیدات کردم. اومدم کنارت بمونم.

روژیار: اگه می‌موندیم الآن استخونهام هم نمی‌تونستی پیدا کنی.

ریبوار: می‌دونم، باورکن می‌دونم ولی...

روژیار: ولی نمی‌فهمی، اگه می‌فهمیدی به جای اینکه بری و...

ریبوار: تو درباره‌ی من چی فکر می‌کنی روژیار؟

روژیار: مهم نیست.

ریبوار: چی؟

روژیار: هرجایی هم که رفته باشی.

ریبوار: چی فکر می‌کنی؟

روژیار: هر غلطی هم که کرده باشی.

ریبوار: درباره‌ی من چی فکر می‌کنی؟

روژیار: دیگه نه اون روژیاری که دیوونه‌ی نگاه و صدا و حرفهات بود، مونده.

ریبوار: تو درباره‌ی من چی فکر می‌کنی روژیار؟

روژیار: نه هیچ‌کسِ دیگه‌ای.

ریبوار: روژیار.

روژیار: روژیار مرده.

(سکوت)

روژیار: خیلی وقته. بیست سال؟ نه، بیست هزار ساله که مرده. دیگه نه شور و شوق عشق اون سالها رو می‌فهمه. نه تب و تابِ اولین بوسه‌های عاشقانه رو. چون که خیلی وقته مرده. وقتی ریبواری که باهاش پا گرفته بود، با یه مشت شعر تنهاش گذاشت و رفت، مُرد. وقتی مجبورش کردن لباسِ عروسی رو کفنِ تَنِش کنه، مُرد. وقتی با همون کفنِ عروسی، تموم خاکِش پر شد از بمبهای شیمیایی و دود شد و نابود شد، مُرد. اون مُرد، مُرد، مُرد. با بچه‌هایی که قطره‌های اشک چسبیده بود لا به لای مژه‌های سوخته‌شون. با پیرزنها و پیرمردهایی که چشمهای ورم‌کرده و صورتهای چروکیده‌شون پُر شده بود از تاول‌های سرخ و درشت. با زنهایی که انگار موهای سیاه و بلندشون رو با لخته‌های خون، رنگ کرده بودن. با همه‌ی اون آدم‌هایی که با دهنهای نیمه باز پیش از اینکه آخی بگن، خفه شده بودن و تمومِ تن‌شون سوخته بود.

(روژیار به شدت سرفه می‌کند با نفسهایی بریده و صدادار.)

ریبوار: چی شد؟ چی شد روژیار؟

روژیار: (سرفه‌کنان) هیچی.

ریبوار: ولی تو حالت خوب نیست، این سرفه‌ها.

روژیار: سرفه‌های عجیبی‌ان نه؟ تا حالا ندیدی کسی این‌جوری سرفه کُنه، ها؟

(سکوت. روژیار سرفه‌هاش فروکش می‌کنند.)

ریبوار: روژیار. واقعیت چیزی دیگه‌ای‌یه.

روژیار: (با تمسخر) واقعیت؟!

ریبوار: آره.

روژیار: کدوم واقعیت؟!

ریبوار: همون واقعیتی که من...

روژیار: (عصبی و متنفر) واقعیت اینه که الآن روژیار یه لاشه‌ی نیمه‌جونه. واقیت اینه که با کپسولِ اکسیژن و اسپری و آمپول و تریاک و هزارکوفت و زهرمار دیگه سرپاس. واقعیت اینه که این خاک دیگه هیچ‌وقت مثلِ اون روزها سبز نمی‌شه.

ریبوار: می‌شه. اگه بخوایم همه‌چی...

روژیار: هیچ‌چی درست نمی‌شه.

ریبوار: می‌شه.

روژیار: نشد. بیست سال تموم گذشته، ولی این خاک هنوز مسمومه. هنوز پر از تیکه‌های استخونه. هنوز این هوا و تموم آدماش بوی خون و استفراغ و سوختگی می‌دن. بویی

که با هیچ بارونی نرفت. نمی‌ره. بو کن. بو کن! (با تنفر بو
می‌کشد.) هنوز هم بوش مونده. بوی سوختگی. بویی که تو
نمی‌تونی بفهمی‌ش.

ریبوار: می‌تونم.

روژیار: نمی‌تونی. تو بوی سوختگی نمی‌دی.

ریبوار: باورکن منم سوختم.

روژیار: نسوختی، نبودی که بسوزی.

ریبوار: سوختم.

روژیار: نسوختی.

ریبوار: هنوزم دارم می‌سوزم.

روژیار: تو و امثال تو فقط حرف می‌زنین که هیچ دردی رو دوا
نمی‌کنه.

ریبوار: نه.

روژیار: نه اکسیژن می‌شه واسه نفسِ تنگِ این جماعت. نه
حتی یه تیکه قرص برای تسکین سردردهاشون. فقط احساس
خواری و حقارت با خودش می‌آره، همین.

(ریبوار نگران به سمتش می‌رود ولی روژیار نمی‌گذارد به او
نزدیک شود. سکوتی سنگین.)

ریبوار: یعنی تو. تو واقعاً نمی‌خوای بدونی من کجا بودم، چه
بلایی سرم اومد؟

روژیار: می‌دونم. همه می‌دونن.

ریبوار: فکر می‌کنی اگه همه راست می‌گفتن، اگه می‌فهمیدن
وضعیت ما این بود؟

روژیار: این حرفها دیگه فایده نداره.

ریبوار: چرا نداره؟ یادمه یه موقعی داشت.

روژیار: اون موقع هم نداشت.

ریبوار: داشت چون ما باهم بودیم. تو همیشه سراپاگوش بودی حرفهای منو بشنوی.

روژیار: دیگه نمی‌خوام بشنوم.

ریبوار: ولی من باید بهت بگم.

روژیار: چی رو بگی؟ گوشهام دیگه از دروغ کر شده.

ریبوار: آره. چون فقط به دروغهای اونا گوش دادی و تموم قول و قرارامون یادت رفت.

روژیار: (با تمسخر) من یادم رفت؟!

ریبوار: اونها نمی‌فهمیدن، فکر می‌کردن منم یکی‌ام مثلِ پدرم.

روژیار: هنوز هم فکر می‌کنن.

ریبوار: نباید مـن رو تحقیـر می‌کردن بـه خاطـر پدرم، اونها نمی‌دونسـتن روژیـار.

روژیار: هنوز هم نمی‌دونن.

ریبوار: مـن مثل پدرم نبـودم. نیسـتم، تازه معلـوم نیسـت حرفهایـی کـه دربـاره‌ی اونـم می‌زنـن درسـت باشـه.

روژیار: هنوز هم معلوم نیست.

ریبوار: هیچ‌کس نمی‌دونه واقعیت چیه.

روژیار: هنوز هم نمی‌دونه.

ریبوار: ولی الآن که اونها دیگه نیستن.

روژیار: پس از اینکه همه‌شون مُردن خیلی خوشحالی، نه؟

(مکث)

ریبوار: تو هم که داری مثل اونها فکر می‌کنی.

روژیار: آره، آره، چونکه تو همه‌ی حرفهات دروغ بود.

(سکوت)

ریبوار: (جاخورده) دروغ؟!

روژیار: برات سخته قبول کنی، ها؟

ریبوار: چه دروغی؟!

روژیار: بایدم قبول نکنی.

ریبوار: من.

روژیار: چون هنوزم مغروری.

ریبوار: من... من... رفتم که...

روژیار: تو فقط رفتی و همه‌چی رو نابود کردی.

ریبوار: نه.

روژیار: تو نبودی که می‌گفتی هیچ اتفاقی نمی‌افته، همه‌چی درست می‌شه؟

ریبوار: تو نمی‌دونی چه اتفاقی افتاد. من هنوزم می‌گم همه‌چی درست می‌شه.

روژیار: هنوزم دروغ می‌گی.

ریبوار: من دروغ نمی‌گم، چون نمی‌تونم دروغ بگم، حداقل به تو.

روژیار: همین حرفتم دروغه.

ریبـوار: حرفهـای اونـا دروغ بـود. دروغ می‌گفتـن تـا راحت‌تـر شکسـت‌مون بـدن.

روژیار: چه دروغی؟

ریبوار: اونها همه‌ی حرفهاشون دروغ بود، این‌طرفی‌ها برای گرفتن جون یه عده بی‌طرف و اون‌طرفی‌ها به بهونه‌ی دفاع از جون‌شون، به جونِ هم افتاده بودن.

روژیار: ولی این آتیش رو تو به پا کردی، تو و امثال تویی که معلوم نبود کدوم طرفی هستین.

ریبوار: یعنی واقعاً تو این‌جوری فکر می‌کنی؟

روژیار: فکر نمی‌کنم، مطمئنم.

ریبوار: آخه از کجا این‌قدر مطمئنی؟

روژیار: از همون‌جایی که تو رفتی اون سگ هار رو نابود کنی ولی خودت رو فروختی.

ریبوار: فروختم؟!

روژیار: از اولش هم هدفت همین بود.

ریبوار: که خودم رو بفروشم، آره؟

روژیار: خاکت رو بفروشی؟

ریبوار: آخه... آخه به چه قیمتی؟

روژیار: اینو باید از خودت بپرسی؟

ریبوار: روژیار ما معامله شدیم، بی‌بها هم معامله شدیم.

روژیار: شماها نشدین. تو نشدی.

ریبوار: همه‌مون شدیم.

روژیار: این ما بودیم که معامله شدیم، معامله‌مون کردن. تو و همه‌ی اونایی که جون آدمها براتون هیچ ارزشی نداشت.

ریبوار: من با اونا نبودم روژیار.

روژیار: پس با کی بودی؟

ریبوار: من با تو بودم.

روژیار: (با تمسخر) با من بودی!؟

ریبوار: روژیار من خیلی وقته که برگشتم. وقتی برگشتم تو نبودی. هیچ‌کس نبود.

روژیار: تو هیچ‌وقت برنگشتی. هنوز یه هفته از رفتنت نگذشته بود خبرت رو آوردن.

ریبوار: (کلافه) کیا؟

روژیار: همونایی که باهاشون رفتی.

ریبوار: اونا فرار کردن روژیار.

روژیار: بهتر از این بود که مثل تو خیانت کنن.

(مکث)

ریبوار: (برآشفته) خیانت؟! روژیار من اگه رفتم فقط می‌خواستم ثابت کنم اونها اشتباه می‌کنن.

روژیار: خیلی خوب ثابت کردی.

ریبوار: از وقتی که چشم و گوشم باز شد، دور و برم پر بود از آدمهایی که همه‌شون همین رو می‌گفتن. من... من خواستم حداقل به تو ثابت کنم.

روژیار: اون‌قدر خوب ثابت کردی که تموم زندگیم حروم شد.

ریبوار: من اسیر اون وحشی‌ها شدم روژیار، دو سال تموم طول کشید تا بتونم از دستشون نجات پیدا کنم.

(روژیار یکباره سرش به‌شدت تیر می‌کشد.)

روژیار: توی تموم اون دو سال مثل دیوونه‌ها هر هفته روی تپه منتظرت بودم. داغ بودم. جوون بودم. نمی‌فهمیدم.

عین احمقها همش ورد می‌آد، نمی‌آد می‌خوندم. هرچی همه می‌گفتن نمی‌آد باورم نمی‌شد. فحشم دادن. کتکم زدن. خودم رو کشتم. ولی فایده نداشت.
ریبوار: ولی من برگشتم روژیار.
روژیار: (با کلافه‌گی) نه.
ریبوار: با تن خونی خودمو رسوندم روی تپه. همین تپه که از روی بلندیش تموم شهر به اندازه کف دستمون می‌شد. ولی هرچی نگاه کردم هیچ‌کس نبود. هیچ‌چی نبود.
روژیار: (از سردرد به خود می‌پیچد.) بس کن دیگه.
ریبوار: شهر شده بود عین یه جسد بی‌رنگ. چشمهاش از حدقه بیرون زده بود. دهنش کف کرده بود و تمومِ سبزیش رو استفراغ کرده بود روی پشت‌بوم خونه‌هاش. خون عین یه رگبارِ تند باریده بود روی تنِ خیابونهاش.
روژیار: (بیشتر به خود می‌پیچد.) چی از جونم می‌خوای؟
ریبوار: خشکم زده بود. هیچ‌کاری نمی‌تونستم بکنم. اشکم سرازیر شد کف دستم و آب شد روی جسد یخ‌زده‌ی شهر.
روژیار: (گویی به خودش می‌گوید.) چرا دست از سرم برنمی‌داری؟
ریبوار: با همون تن زخمی تموم کوچه پس‌کوچه‌های شهر رو به دنبالت زیرپا گذاشتم.
روژیار: (فریاد می‌کشد.) نمی‌خوام بشنوم.

(روژیار چشمانش را می‌بندد. ریبوار در تاریکی گم می‌شود. اما صدایش گویی که دور می‌شود، به گوش می‌رسد.)

صدای ریبوار: از روی جسد آدمهایی که روی تن همدیگه از پا افتاده بودن گذشتم. ولی تو نبودی.

(اژین روی تپه درحال کاشتن یک قلمه گل‌سرخ دیگر. قلمه‌های قبلی اصلاً رشد نکرده‌اند. با ناراحتی اشک می‌ریزد و به شدت سرفه می‌کند. با نفسهای خش‌دار و بریده بریده با قلمه‌ی گل‌سرخ حرف می‌زند.)

اَژین: تو رو خدا زودتر. مامان حالش خیلی بد شده. آخه اون هرچی دارو بهمون می‌دن می‌ده به من. سرفه‌هاش بیشتر شدن. تو باید زودتر سبز بشی. مطمئنم مامان با دیدن تو حالش بهتر می‌شه. تاتی هم می‌گه همین‌جوریه. می‌گه مامانت خیلی درد کشیده. هنوزم از دست حرفهای مردم درد می‌کشه. راست می‌گه چون هیچ‌کی با ما خوب نیست. تاتی می‌گه این به‌خاطر اینه که ریبوار هیچ‌وقت برنگشت و همه می‌گن اون خیانت کرده. می‌گه اونم نمی‌دونه واقعاً چی شده. می‌گه به‌خاطر همین، شعر گل‌سرخ ناتموم مونده.

(روژیار چشمانش را باز می‌کند. به جای ریبوار این‌بار شوهرش از دل تاریکی به او نزدیک می‌شود.)

روژیار: (ترسیده) نه.

همسر: نترس، منم، شوهرت.

روژیار: (ناباورانه) نه.

همسر: اومدم آژینم رو ببینم.

روژیار: تو.
همسر: آره، منم.

(سکوت. روژیار زل زده به او.)

همسر: منو نمی‌شناسی؟
روژیار: چی می‌خوای؟
همسر: (با حسرت) بایدم نشناسی. (آهی می‌کشد.) چون هنوزم تو فکر اونی؟
روژیار: کی؟
همسر: همونی که قرار بود برات اون گل‌سرخ رو بیاره.
روژیار: چی داری می‌گی؟
همسر: (با حسرت) خب حقم داری. چون من به تو دروغ گفتم.
روژیار: (متعجب) دروغ؟!
همسر: (با پشیمانی) به همه دروغ گفتم. اون... اون واقعاً اسیر شد.
روژیار: (بهت‌زده) چی؟!
همسر: (درمانده) باورکن مجبور بودم. مجبور بودم دروغ بگم.
روژیار: آخه چرا؟
همسر: تا بتونم به تو برسم.
روژیار: (ناباورانه) نه.
همسر: همه هم باورکردن، چون لحظه‌ای که گرفتنش فقط من باهاش بودم.
روژیار: چی؟
همسر: (درمانده‌تر) من... من به خاطر تو دروغ گفتم. چون

فکر می‌کردم اون نمی‌تونه خوشبختت کنه. بلد نبودم مث
اون برات شعر بخونم. حرفهای عاشقانه بزنم. خب باید یه
جوری، یه کاری می‌کردم فراموشش کنی.

روژیار: چرا؟ چرا این کار رو با من کردی؟

همسر: چون می‌خواستمت.

(مکث. روژیار به خود می‌لرزد.)

همسر: دوستت داشتم.

(مکث. روژیار نمی‌تواند چیزی بگوید.)

همسر: دوست داشتم... دوست داشتم آژینم رو تو به دنیا
بیاری.

روژیار: (بغض‌کرده) آژین؟! تو... تو... آخه چرا؟

همسر: چون. تو همش تو فکر اون بودی. هر هفته می‌رفتی
سر قرارتون روی تپه. حتی وقتی لباس عروسی تنت کردی
بازم دلت با اون بود. بمبارونم که شد به اون فکر می‌کردی.
وقتی داشتیم از شهر فرار می‌کردیم خودمونو به مرز برسونیم
همش برمی‌گشتی و پشت سرت رو نگاه می‌کردی. هنوزم
فکر می‌کردی برمی‌گرده. اونم هنوز تو فکر تو بود. چون...
چون برگشت.

روژیار: چی داری می‌گی؟

همسر: آره برگشت.

روژیار: تو از کجا می‌دونی؟

همسر: آژینم کجاست؟

روژیار: گفتم تو از کجا می‌دونی؟

همسر: چون دیدمش.

روژیار: کجا؟

همسر: توی اردوگاه اون‌ور مرز دیدمش.

روژیار: یعنی اون واقعاً برگشته بود؟

همسر: آره، اونجا بود.

روژیار: پس چرا...

همسر: بیرون اردوگاه دیدمش. چند بارم دیدمش. ولی... ولی...

روژیار: ولی چی؟

همسر: باورکن اون. اون یه خائن بود. مثل پدرش. خیانت تو خونش بود.

روژیار: از کجا معلومه؟

همسر: از اونجایی که وقتی توی اردوگاهِ اون‌ور مرز، ما حق نداشتیم پامون رو از اردوگاه بیرون بذاریم ولی اون راحت می‌رفت و می‌اومد. حتی منم دید ولی خودش رو به نشناختن زد.

روژیار: داری بازم دروغ می‌گی.

همسر: نه روژیار. اشتباه نکن. اون می‌دونست قراره چه بلایی سر ما بیاد ولی چیزی نگفت. خیلی‌ها که می‌دونستن، همون‌جا موندن.

روژیار: آخه چه‌جوری؟ خودت که دیدی داشتن اردوگاه رو تخلیه می‌کردن، می‌گفتن باید برگردین...

همسر: خیلی‌ها رفتن توی همون شهرهای اطراف. اگه تو به

حرف من گوش داده بودی الآن...

روژیار: تو خودتم شک داشتی. می‌گفتی قول دادن برمون می‌گردونن به شهرمون. خونه‌هامون هم دوباره می‌سازنن.

همسر: نداشتم. به خاطر تو بود. به خاطر مادرم. تو نخواستی بمونی. می‌گفتی دوست داری اژینم رو توی شهر خودمون به دنیا بیاری. من می‌دونستم نباید برگردیم. اون خائن و هم‌دستاش هم می‌دونستن.

روژیار: یعنی اون همون‌جا موند؟

همسر: نه. همون موقع که داشتیم برمی‌گشتیم و خوشحال بودیم که همه‌چی درست شده، چندبار پشت‌سرمون دیدمش. هنوز چشمش دنبال تو بود.

روژیار: چی داری می‌گی؟!

همسر: به جان روژیار اونجا بود. خودم دیدمش. با همین دو تا چشمهای کج وکوله‌م. وقتی موقع برگشتن رسیدیم لب مرز. وقتی داشتن مردها و زن‌ها رو جدا می‌کردن. وقتی مادرم داشت تموم صورتش رو تیکه تیکه کرد و می‌گفت پسرم رو می‌خوام.

روژیار: بسه دیگه.

همسر: اون... اون دنبالمون بود. آخرین بار همون موقع دیدمش که از ماشین پیاده‌مون کردن، توی حیاط همون قلعه‌ی قدیمی. چه خوش‌خیال بودیم ما، فکر می‌کردیم رسیدیم به شهرمون. دیگه بعد از اون ندیدمش.

روژیار: بس کن دیگه.

همسر: اونا ریختن روی سرمون و شلاق‌مون زدن. ولی اون دیگه نبود چون خودش از اونا بود.

روژیار: تمومش کن.

(سکوت)

همسر: اونجا توی اون قلعه قدیمی ما همه بو گرفته بودیم، روی تن هم تلنبار بودیم و نا نداشتیم تکون بخوریم، ولی اون نبود. هیچ‌کس جرئت حرف زدن نداشت، تا حرف می‌زدیم با پوتینهای سیاه و کثیف‌شون صورتمون رو له می‌کردن، این‌قدر می‌زدن تا به گُه خوردن بی‌افتی. ولی اون نبود. اگه چیزی می‌خواستیم با باتومهاشون به جونمون می‌افتادن. اگه یه ذره آب می‌خواستیم حلقومون رو از آبِ داغ پر می‌کردن. یه تیکه نون خشک هم بهمون نمی‌دادن. ولی اون نبود. همه‌ش دنبال بهونه می‌گشتن تا بی‌خودی ما رو زیر مشت و لگد بگیرن. هر روز به جون یه عده می‌افتادن و تفریح‌شون شده بود کشیدن ناخونهامون و داغ کردن بدنهای نیمه‌جونِمون. همه داشتن یکی یکی از تشنگی و گرسنگی می‌مردن ولی اون جاش امن بود. هیچ خبری ازش نبود.

(سکوت. روژیار مبهوت مانده.)

همسر: کاش برنمی‌گشتیم. کاش هیچ‌وقت برنگشته بودیم. اگه برنگشته بودیم الآن می‌تونستم کنارت باشم. آژینم رو ببینم.

روژیار: (زیر لب) آژین؟!

همسر: آره، مگه. مگه اسمش رو آژین نذاشتی؟

روژیار: چرا. ولی...

همسر: ولی چی؟ بزرگ شده نه؟! کجاست؟

(همسر آرام آرام درحال گم شدن در تاریکی است.)

همسر: پس چرا نیستش. چند سالشه الان؟
روژیار: هیچی نگو.
همسر: دوست دارم ببینمش.
روژیار: برو.

(روژیار چشمانش را می‌بندد. همسر در تاریکی گم می‌شود. اما صدایش گویی که دور می‌شود، به گوش می‌رسد.)

صدای همسر: ببوسمش.
روژیار: برو.
صدای همسر: ولی من می‌خوام آژینم رو ببینم.
روژیار: آژین بچه‌ی تو نیست.
صدای همسر: چی؟ ولی تو حامله بودی. توی اردوگاه. خودت گفتی.

(اژین روی تپه درحال کاشتن یک قلمه‌ی گل‌سرخ دیگری است. قلمه‌های گل‌سرخ قبلی همان‌طور مانده‌اند. اژین با نفسهای خش‌دار و بریده بریده سرفه می‌کند و خیلی عصبی و آشفته با قلمه‌ی گل‌سرخ حرف می‌زند.)

آژین: دیگه از دست همه‌شون خسته شدم. باید می‌دیدی

دیروز چی می‌گفتن. داشت گریه‌م می‌گرفت. ولی تاتی می‌گه نباید جلوشون کم بیاری و گریه کنی. می‌گه باید بهشون محل نذاری. می‌گه اونا خودشون هم نمی‌دونن چی می‌گن. فقط یه چیزهایی شنیدن. تاتی می‌گه من بابات رو خیلی خوب می‌شناختم. مرد بدی نبود. می‌گه مامانت خیلی درد کشیده تا منو به دنیا بیاره. می‌گه منو بعد از بمبارون شیمیایی بعد از اینکه آواره شدن و دوباره برگشتن، توی راه برگشت به دنیا اومدم. به‌خاطر همین اسمم رو گذاشته اژین. بابامم دوست داشته اسمم اژین باشه. می‌گه بابات وقتی ریبوار برنگشت با مامانت ازدواج کرد تا حرف دنبالش نباشه. ولی من هیچی از بابام نمی‌دونم. نمی‌دونم چرا هیچ حسی بهش ندارم. همش فکر می‌کنم مامانم خودش بابای منه. گلهای سرخ رو بو کرده و بعد منو به دنیا آورده.

(روژیار چشمانش را باز می‌کند. ریبوار از دل تاریکی به او نزدیک می‌شود.)

ریبوار: روژیار منم، ریبوار.

روژیار: چرا برگشتی؟

ریبوار: خب معلومه.

روژیار: معلوم نیست.

ریبوار: نیست؟!

روژیار: نه، نیست.

ریبوار: هنوزم نمی‌خوای باورکنی من برگشتم، با تو بودم؟

روژیار: شاید برگشته باشی ولی به‌خاطر من نبوده.

ریبوار: پس به خاطر چی بوده.
روژیار: خودت بهتر می‌دونی.
ریبوار: روژیار من به‌خاطر تو برگشتم. به امید اینکه مابین آدمهایی باشی که داشتن فرار می‌کردن طرف مرز، اومدم دنبالت. داشتین از مرز رد می‌شدین که پیدات کردم. همون مرزی که هی این‌طرف، اون‌طرف می‌شد. همون مرزی که دوباره تو رو از من گرفت. پشت اون ماشین قرمز بودی مابین جمعیتی که توی هم می‌لولیدند. هرچی داد زدم صِدام بهت نرسید. هرچی دویدم نتونستم بهت برسم. با هزار بدبختی خودم رو رسوندم اون‌ورمرز. منم توی یکی از همون اردوگاه‌های اون‌ور مرز بودم. توی تموم اون چند ماهی که اون‌ور مرز توی اردوگاه بودین هر روز از دور می‌دیدمت. حسرت به دلم مونده بود بتونم یه‌بار دیگه از نزدیک دستهات رو...

(مکث)

ریبوار: ولی نمی‌تونستم نزدیکت بشم. چون تو با شوهرت بودی. من حتی می‌دونستم باید توی همون اردوگاه بمونیم.
روژیار: ازکجا می‌دونستی؟
ریبوار: چون می‌دونستم اونا دارن دروغ می‌گن. اون سگ هار می‌خواست همه‌ی کسایی که از بمبارون شیمیایی در امون موندن و تونستن فرارکنن هم مثل بقیه تیکه و پاره کنه.
روژیار: پس چرا چیزی نگفتی؟ چرا گذاشتی ما برگردیم؟
ریبوار: نمی‌تونستم. نمی‌تونستم خودمو نشون بدم. چند بار خواستم بیام با شوهرت حرف بزنم ولی اون خودش رو از

من قایم می‌کرد. نمی‌خواست منو ببینه.

(روژیار چیزی نمی‌گوید.)

ریبوار: من بازم به دنبالت اومدم. حتی وقتی برگشتین. منم توی یکی از همون ماشینهایی بودم که شوهرت بود. حتی با اون وحشی‌هایی که داشتن ما رو می‌بردن طرف اون قلعه قدیمی تا بکشن، درگیر شدم.

روژیار: دروغ می‌گی. تو همون موقع هم با همون وحشی‌ها بودی.

ریبوار: اونها زبون ما رو نمی‌فهمیدن روژیار، فکر می‌کردن هر کسی به زبون دیگه‌ای به‌جز زبون خودشون حرف بزنه باید دهنش رو ببنده وگرنه زبونش رو می‌بریدن.

روژیار: ولی تو زبون اونا رو خوب می‌فهمیدی.

ریبوار: می‌فهمیدم. ولی توی اون قلعه‌ی قدیمی منم مابین همه‌ی مردهایی بودم که حتی آبم بهشون نمی‌دادن.

روژیار: تو اگه از همه‌چی خبر داری به‌خاطر اینه که هم‌دست همونا بودی. همونایی که به مردها آب کمتری می‌دادن تا زودتر تلف بشن. اما دخترها و زن‌های جوون رو نگه می‌داشتن. مجبورشون می‌کردن یا بهشون تن بِدن یا خودشون رو بکشن. اون کثافتها حتی به جسدهاشونم رحم نمی‌کردن. آره. تو از همونایی. با همونا بودی. مطمئنم خوب خبر داری چه بلایی سر منم آوردن. تو باید خجالت بکشی. باید بری گم شی. برو.

(روژیار چشمانش را می‌بندد. ریبوار در تاریکی گم می‌شود. اژین روی تپه با نفسهای خش‌دار و بریده بریده به شدت سرفه می‌کند و با نفرت تمام قلمه‌ی گل‌سرخی که هنوز هیچ رشدی نکرده تکه تکه می‌کند.

روژیار چشمانش را باز می‌کند. به جای ریبوار این‌بار مادر از دل تاریکی به او نزدیک می‌شود. دیوانه‌وار می‌خندد.)

مادر: باید خودت رو می‌کشتی. باید خودت رو می‌کشتی.

روژیار: (وحشت‌زده) نه.

مادر: چشم پسرم رو دور دیدی و تن دادی به اون کثافتها. تو همش تو فکر اون خائن بودی.

روژیار: (از او فرار می‌کند.) نه. من... من نمی‌دونستم. نخواستم.

مادر: هنوز توی فکر اون خائنی.

روژیار: (در خودش فرو می‌رود.) خودت که دیدی اونا چه بلایی سرم آوردن.

مادر: بچه‌م تموم آرزوش این بود یه دختر داشته باشه اسمشو بذاره آژین. همینم ازش دریغ کردی.

روژیار: (هراسان و سردرگم با خودش کلنجار می‌رود.) ولی من حامله نبودم. تو خودت گفتی دل‌خوشی بهش بدم. بهش بگم حامله‌م تا آژین‌شو به دنیا بیارم. تا قبول کنه برگردیم شهرمون.

مادر: دروغ گفتی چون تموم فکر و ذکرت پیش اون خائن بود. منم دروغ گفتم. همه دروغ می‌گن، مجبوری دروغ بگی، اگه راست بگی به دروغ می‌گن دروغ گفت و راست راستی می‌کُشنت. ولی عیب نداره، بذار... بذار بچه‌م دوباره جون بگیره.

روژیار: اون دیگه نیست. به همه‌ی مردها آب مسموم دادن.
مادر: (می‌خندد) عیبی نداره، تشنه‌شونه. نوش‌جون‌شون. (یکباره با تنفر و خشم) آره. کار همون خائن بود. اون جاسوس آبها رو مسموم می‌کرد. فکر می‌کنی نمی‌دونم.
روژیار: چی داری می‌گی؟ مگه اون. اون مگه اونجا بود؟
مادر: استخوونهای پسرم رو که جمع کنم دوباره شیرش می‌دم تا جون بگیره، گوشت و پوست و استخوون بگیره. استخوون و گوشت و پوست، اون‌وقت می‌گم یک بلایی سر تو و اون خائن بیاره.
روژیار: آخه تو از کجا می‌دونستی؟
مادر: می‌دونستم. خودم دیدمش.
روژیار: آخه چه‌جوری؟ تو هم که پیش ما بودی پیش بقیه‌ی زنها.
مادر: (دلسوزانه) وقتی همه خواب بودن می‌رفتم پسرمو می‌دیدم. نمی‌تونستم نبینمش. از دور نگاش می‌کردم. سربازهاشون رو خر می‌کردم. خوب خر می‌شدن ولی نمی‌ذاشتن برم پیشش. (با خشم) اون کثافت رو خودم دیدم، اومده بود دنبال تو. می‌خواست پسر منو بکشه. ولی گه خورده. مگه من می‌ذارم. مگه من مرده باشم کسی بخواد یه مو از سر پسرم کم کنه. خودم تنهایی بزرگش کردم، هم پدر بودم براش هم مادر، همه‌چی بودم براش، اون کسی رو غیر از من نداره.
روژیار: نه! نه! امکان نداره، تو دیوونه شدی. دیوونه شدی.
مادر: (می‌خندد) نگاه کن اینا همه‌شون مال پسر منه. استخونهاش رو که جمع کنم دوباره شیرم رو به‌ش می‌دم تا

جون بگیره، گوشت و پوست و استخون بگیره. هزار بار هم تیکه تیکه‌ش کنن دوباره به دنیاش می‌آرم. نگاه کن این‌جوری.

(دیوانه‌وار شبیه زنی حامله فریاد می‌کشد و استخوانها را که گویی پسرش هستند در آغوش می‌گیرد. صدای گله‌ای سگِ هار در حال تکه تکه‌کردن و دریدن آرام آرام همه‌جا را پُر می‌کند.)

روژیار: (درحالی‌که سرش را چسبیده، به خود می‌پیچد و می‌لرزد.) ولی اینا استخوونهای اون نیستن. اون حتی استخونهاشم نموند. جسدش رو هم به‌مون ندادن، حتی نذاشتن خاکش کنیم. دیگه هیچ خاکی نمونده بود، همه‌ی اون اطراف پر شده بود از جسد توی گورهای دسته‌جمعی. جسدش رو انداختن جلوی سگهایِ هار، تو دیوونه شدی. همون شب دق کردی.

(مادر گویی در همان لحظه‌ای است که پسرش را جلوی سگها انداخته باشند. دیوانه‌وار فریاد می‌کشد.)

مادر: (با تحکم) نه، نه، نمی‌ذارم، کجا می‌برینش؟ اون بچه‌ی منه، دارم استخونهاش رو پیدا می‌کنم، خیلی از استخونهاش رو پیدا کردم، نگاه کنین این استخون صورتشه.

(یکی یکی استخوانها را با خنده‌های هیستریک می‌بوسد.)

مادر: این همون انگشتشه که همیشه وقتی شیر می‌خواست گازش می‌گرفت. این دست چپشه، چپ‌دست بود پسرم. این یکی دست راستشه، نگاه کنین هنوز جای شکستگی روش مونده، کجا دارین می‌برینِش لاشخورها. (ملتمسانه) باورکنین اون هیچ گناهی نکرده، فقط یه بار تصادف کرده، این شکستگی مال همون موقع‌ست، یادتون نیست؟ ده تا بخیه خورد؟ یکی از مهره‌های کمرش جابه‌جا شد؟ (با خشم و فریادهای پی‌درپی) نه، نه، نمی‌ذارم، نمی‌ذارم بندازینش جلوی سگهای هار. ولم کنین، اصلاً می‌خوام بخورمِش، آره می‌خورمش، دوباره برش‌می‌گردونم اینجا، نُه ماه اینجا بوده، عادت داره به اینجا، چرا سگهای هار بخورنش خودم می‌خورمش. ولم کنین. نمی‌ذارم سگها بخورنش، نمی‌ذارم، نمی‌ذارم بندازینش جلوی اون سگهای هار.

(روژیار خیره مانده به مادر. صدای سگها به اوج می‌رسد. مادر دیوانه‌وار درحالی‌که به گونه‌هاش چنگ می‌اندازد، قهقهه می‌زند. صداها آرام می‌گیرند. قهقهه‌های مادر به مویه‌ای تبدیل می‌شود و مرثیه‌ای سوزناک که درسوگ پسرش زیرلب می‌خواند. روژیار چشمانش را می‌بندد. مادر در تاریکی گم می‌شود.
اژین روی تپه درحال کاشتن یک قلمه‌ی گل‌سرخ تازه است. با قلمه‌ی گل‌سرخ حرف می‌زند.)

آژین: مطمئنم تو دیگه سبز می‌شی. باید بشی. کلی کود رو خاک دادم تا جون تازه بگیره. می‌دونی چقدر کتاب خوندم.

تاتی هم مطمئنه تو دیگه سبز می‌شی. می‌گه حالا که همه آزاد شدن و اون سگ هار تسلیم شد و اعدامش کردن زمین هم دیگه خوشحاله و بارور می‌شه. راست می‌گه. تاتی همه‌ی حرفهاش درسته. از وقتی که به اون احمقها محل نمی‌ذارم راحت راحتم. می‌گفت اگه باهاشون کل کل کنی مجبورتون می‌کنن از شهر برین. امکان نداره. باید همیشه حرف تاتی رو گوش کنم. اونم هیچ‌کسی رو نداره. هیچ‌وقت ازدواج نکرده و همه‌ی کس و کارش توی بمبارون کشته شدن. می‌گه همیشه دوست داشته یه نوه مث من داشته باشه. اون خیلی خوبه. بهترین تاتی دنیاست.

(روژیار چشمانش را باز می‌کند. ریبوار از دل تاریکی به او نزدیک می‌شود.)

ریبوار: روژیار. منم، ریبوار.

روژیار: چرا برگشتی؟

ریبوار: خب معلومه.

روژیار: معلوم نیست.

ریبوار: نیست؟!

روژیار: نه، نیست.

ریبوار: روژیار.

روژیار: برو ریبوار. فقط تنهام بذار.

ریبوار: یعنی نمی‌خوای باور کنی؟

روژیار: دیگه هیچی رو نمی‌تونم باور کنم. دیگه باوری برام نموده.

(سکوت)

ریبوار: باشه. می‌رم. ولی خواهش می‌کنم فقط بذار یه واقعیتی رو بهت بگم.

(قبل از اینکه روژیار چیزی بگوید حرفش را قطع می‌کند.)

ریبوار: می‌خوای باورکن، می‌خوای نکن. حالا دیگه همه‌چی تموم شده، نه از اونهایی که به جون هم افتاده بودن خبری هست، نه اون وحشیِ هاری که می‌خواست همه‌ی این خاک رو نابود کنه دیگه زنده‌س.

روژیار: نه اونهایی که تو و امثالِ تو به دستور اون به جونشون افتاده بودین.

ریبوار: چی می‌گی روژیار؟

روژیار: خوب می‌فهمی چی می‌گم. خوب می‌فهمی. درسته اون جنایت‌کار تسلیم شد و کشتنش. ولی خیلی دیر بود.

ریبوار: اشتباه نکن روژیار. اون تا تسلیم شد خیلی زود همونهایی که هارش کرده بودن کشتنش، برای اینکه دست خودشونم به خون آلوده‌س. فکر می‌کنی دیگه هیچ جنایت‌کاری که هار شده باشه وجود نداره؟ خیلیهاشون هنوز هم درحال تیکه و پاره‌کردنن، خیلیهاشون اون‌قدر تیکه و پاره کردن که مُردن. عجیبه که بعضیها بهشون افتخار هم می‌کنن. ولی باید بدونی کشتن اونهایی که هار شدن بی‌هوده‌س، به جای کشتنشون می‌شه دوایی برای درمان هاری پیدا کرد.

(سکوتی سنگین. روژیار چیزی نمی‌گوید.)

ریبوار: روژیار! منم مث شوهرت از همون آبی خوردم که مسمومش کرده بودن. هنوز هم زخمیم و سالهاست زخمم خوب نشده. منم با شوهرت و خیلیهای دیگه انداختن جلوی سگهای هار، هنوز نفس می‌کشیدم که انداختن. با اینکه سگای هار تنم رو مثل تن بقیه‌ی مرده‌ها تیکه تیکه کردن ولی باز هم زخمم خوب نشد.

(مکث)

ریبوار: من فقط رفته بودم اون گل سرخ رو برای تو بیارم، همین.

(روژیار بی‌آنکه چیزی بگوید، زُل زده به ریبوار، ریبوار گل سفیدی درآورده و به زخمش می‌زند و رو به روژیار می‌گیرد. روژیار چشمانش را می‌بندد. ریبوار در تاریکی گم می‌شود. روژیار چشمانش را باز می‌کند. گویی روی تپه است و تمام تپه پر شده از گلهای سرخ. اژین با چوب زیر بغل شادمان وسط گلهای سرخ است. صدای ریبوار می‌آید که شعر گل سرخ را به طور کامل می‌خواند و آرام آرام همه‌چیز به جز گل سفیدی که ریبوار با زخمش سرخ کرده در تاریکی گم می‌شود.)

تو فقط آن گل سرخ را از من می‌خواستی،
همین.
برگ برگِ گل برگهایِ آن گل سرخِ صد برگ را

که با بوییدنش نفسمان تازه می‌شود و
این خاکِ خون‌مرده
دوباره جان می‌گیرد.
تو فقط آن گل‌سرخ را از من می‌خواستی،
همین.
و من به جست‌وجویش
از این‌همه خارهای آهنی
که تنیده‌اند
بر تن‌پوشِ زخمیِ این خاکِ خون‌مرده،
می‌گذرم و برمی‌گردم اما.
اما
نه با آن گل‌سرخ
با گل سفیدی که از زخمهایم سرخ شده
چون
تو فقط آن گل‌سرخ را از من می‌خواستی،
همین.

ژان[1]

آدم‌های نمایش:

زن

(صدای زوزه‌ی سگی در باد. صحنه‌ای انباشته از لباسهایی تکه و پاره و خونین به جا مانده از بمباران شیمیایی.)

صدای زن: (بریده بریده) می‌خواستن... می‌خواستین... می‌خواین... می‌خوان... جسدش رو بندازن... بندازین... جلوی سگهای هار، جلوی... سگهای هار... (چون سگی درنده و هار در حال دریدن) نذاشتم. نمی‌ذارم... خودم... خودم... خوردمش. می‌خورمش... خوردمش... خودم...

(زن که زیر لباسها افتاده یکباره برمی‌خیزد. دیوانه‌وار رو به لباسها.)

شما که هنوز خوابیدین. بیدارشین، بیدارشین. بجنبین. چشم به هم بزنین دوباره شب می‌شه و مثل فردا و پس‌فردا و هفته بعد و چند ماه بعد که هیچ غلطی نتونستیم بکنیم، بازهم هیچ غلطی نمی‌تونیم بکنیم.

(درحال جست‌وجو شروع به خواندن آوازی در وصف صبح می‌کند.)

پاشین دیگه. آخه چه‌قدر بگم. اگه دیر برسه بار گیرش نمی‌آد. اگه دیر برسه بار گیرش نمی‌آد. اگه... دیر... برسه... بار... گیرش... نمی‌آد. باید کمک کنین تا پیداش کنم، از خواب بیدارش کنم. بهش ناشتایی بدم. پس چی؟ تا سه تا چای لب‌سوز و قندپهلو نخوره یخ خوابش وا نمی‌شه. خب عادت داره. عین بابای خدابیامرزش. عین بابابزرگ خدابیامرزش. عین بابای بابابزرگ خدابیامرزش. عین بابای بابای بابای بابای... بابای... بابای... با... با... ی...

(به لباس پسربچه‌ای می‌رسد.)

بابای... بابای... بابات بمیره عزیزم. تو اینجا چه‌کار می‌کنی؟ چرا نرفتی مدرسه آخه؟... دنبال بابات می‌گردی... بابات می‌آد عزیزم. رفته دنبال مامان... پیداش می‌کنه... اگه اون

دنبالش نگرده پس کی بگرده؟ نگاه کن منم دارم دنبال... نه اون که خودش نرفته... نه، خودش نرفته.

(مکث. درگوشی.)

اونها به زور بردنش... کیا؟ اونا... اونا همونان که... آره. خیلی‌ها دیدن. تازه فقط اون نبوده که... خیلی‌های دیگه‌م بودن. تازه همه‌شونم جوونتر از مامانت بودن. آره. ولی بابات پیداش می‌کنه. آره، پیداش می‌کنه، پیداش می‌کنه. حق اون کثافتهای پدرسگِ... هم می‌ذاره کف دستشون. بابات مرد شجاعیه. می‌دونی چندبار رفت خواستگاری مامانت تا به‌ش دادنش؟ ها؟ چندبار؟ چندبار؟ نه. هزار و سیصد بار هم بیشتر رفت. آخرشم خودم کاری کردم بهش بدنش. نمی‌دادن که... آخه مامانت، مامانت خیلی خوشگل بود. خیلی، خیلی، خیلی. چشمهای سیاه سیاه. سیاه که می‌گم نه این‌جوری ها. نه! نگاه! مثل... مثل... مثل...

(لباسی سیاه پیدا می‌کند.)

این. آره عین این. هر مردی چشمش به چشماش می‌افتاد، پس می‌افتاد. همه عاشقش بودن. هزارتا خواستگار داشت خیرندیده. آره من خوب می‌شناسمش. باباتم می‌شناسم. بابابزرگتم می‌شناسم. بابای بابابزرگتم می‌شناسم. بابای بابای بابای... بابای... بابای...

(مکث)

نه... نه تو باید بری مدرسه. چی؟ نه... چیزی نشده که فقط
یه کمی دیوارش ریخته و سقفش اومده پایین و زیر رو شده،
همین. هنوز یه تیکه از تخته‌سیاهس سالمه. خودم دیدم.
آره. پاشو. پاشو. زودی برو دیرت نشه. نه عزیزم اینکه چیزی
نشده. خونی شده، همین. خب همه‌جا خونی شده. باید
خونی بشه. نگاه کن همه خونی شدن. زمین خونی شده.
زمان خونی شده، تمام عالم و آدم خونی شدن. خون نباشه
که نمی‌شه. خون باید همیشه باشه. زمین باید پر خون بشه
تا جون بگیره. پوست و استخون بگیره. آره برو... برو دیرت
نشه عزیزم. بیا. بیا.

(تکه‌پارچه‌ای روی یقه‌ی لباس می‌گذارد.)

اینم بگیر جلوی دهنت. بذار. بذار خیسش کنم. باید خیس
باشه.

(پارچه را با آب دهانش خیس می‌کند.)

آره. بگیری جلوی دهنت‌ها. وگرنه خفه‌ت می‌کنن. خفه‌ت
می‌کنن. خب؟... حالا برو. برو.

(لباس را با تمام توانش به بیرون صحنه پرت می‌کند. سکوت.
به رفتن پسربچه خیره مانده.)

پاشین دیگه. آخه چقدر بگم. اگه دیر برسه بارگیرش نمی‌آد. اگه دیر برسه بارگیرش نمی‌آد. اگه. دیر... برسه... بار... گیرش... نمی‌آد. باید کمک کنین تا پیداش کنم، از خواب بیدارش کنم. بهش ناشتایی بدم. پس چی؟ تا سه تا چای لب‌سوز و قند پهلو نخوره یخ خوابش وا نمی‌شه. خب عادت داره.

(شروع به دم کردن چای می‌کند با تکه‌های استخوان.)

پسرم باید چایی‌ش آماده باشه. نون گرم بخوره. پاشین یه کاری بکنین. یه دادی... بی‌دادی... چرا پس لال شدین همه‌تون؟ جیک ازتون در نمی‌آد. دیر می‌شه‌ها. با تو هم هستم های.

(لباس تکه‌پاره‌ی مردی که جای چند گلوله روی آن معلوم است را برمی‌دارد.)

پاشو دیگه لنگ ظهر شد نره‌خر. یه کم غیرت به خودت بده. یادت نیست تا حالا چقدر بهت کمک کرده. چی؟... باشه. تیر خوردی که خوردی.

(مکث. با ادای مرد.)

تیر خوردم. طوری حرف می‌زنه انگار سرش رو بریدن یا انداختنش جلوی تانک. موشک که نخوردی؟... موشک خوردی؟ دو سه تا تیر خوردی دیگه. تیربارانت که نکردن... کردن؟ چیزی نیست که... پاشو. چی؟... غلط کردی تو.

خرس تنِلش. از صب تا شب می‌خوری و می‌خوابی. خجالتم
نمی‌کشی. آخه به تو هم می‌گن مرد. فقط هیکل گنده کردی.

(مکث)

تو بی‌جا کردی. پسر من از این بیدها نیست که با اون بادها
بلرزه‌ها. شیره. تو به اون حسودیت می‌شه. هزاربار به‌ش
گفتم کاری به کار این تنِلش نداشته باش. اصلاً اگه یه بار
دیگه بیای و ازش بخوای چیزی برات بار کنه. نمی‌ذارم. آره.
اصلاً ماشینش خرابه... چی؟

(مکث)

اصلاً هم خراب نیست. خیلی هم درسته ولی کار داره. بیکار
نیست که بی‌افته دنبال کثافت‌کاری‌های توی الدنگ. برو
گمشو. گم... گم... اگه یه بار دیگه بخواد کمکی به تو بکنه من
می‌دونم و اون و تو و تموم کس و کار و جد و آبائت.

(مکث)

اون بدبخت دلرحمه. دلسوزه. ساده و خره. عین بابای
خدابیامرزش. عین بابابزرگ خدابیامرزش. عین بابای بابابزرگ
خدابیامرزش. عین بابای بابای بابای بابای... بابای... بابای...
با... با... بابا...

(لباس زنی توجه‌اش را جلب می‌کند. با تنفر.)

باباش. باباش هر چی کشید از دست تو کشید. اصلاً باباش رو تو به کشتن دادی. فکر می‌کنی یادم نیست زنیکه‌ی... فکر کردی کی هستی؟ نه قدی داری. نه بر و رویی. نه خلق و خوی خوبی. پاشو. خیلی ازت خوشم می‌آد اومدی ور دلم نشستی. شوهرمو که کشتی حتماً الآنم می‌خوای جان پسرم رو بگیری‌ها. گم‌شو. چی؟

(مکث)

نکشتی؟ نکشتی؟ آخه اگه توی بی‌حیای بی‌همه‌چیز اون‌روز معطلش نکرده بودی که بار و بندیل ننه‌ت رو به‌ش بدی ببره. تصادف نمی‌کرد که، می‌کرد؟ اون بدبخت هر روز صب سر ساعت چای و ناشتاش آماده بود. سه تا چایی‌ش رو می‌خورد و نانش رو کوفتش می‌کرد و ماشینش رو روشن می‌کرد و می‌رفت. توی اون ساعتم جاده خلوت. گازش رو می‌گرفت به امان خدا. یادت هست چقدر معطل‌ش کردی؟ ده دقیقه؟

(مکث)

آره جان عمه‌ت ده دقیقه... ده دقیقه... ده دقیقه. اگه ده دقیقه پس اون تریلی لندهور از کجا پیداش شد. ده دقیقه‌ای پیداش شد؟... نه دیگه. یه ساعت تموم معطلش کردی تا

اون تریلی بی‌پدر مادر از راه برسه نزدیک بشه این بدبخت ساده هم راه بیفته بره زیرش. این‌همه جا! بره زیره تریلی به اون بزرگی؟ چرا؟ چون خانوم عین عزرائیل معطلش کرد تا...

(بغض‌کرده)

می‌دونی از وقتی اون خدابیامرز رفت زیر خاک چه بلاهایی سر ما اومد؟ چقدر بدبختی کشیدم تا این دسته‌گلم.

(مکث)

چیه؟ فکر کردی اون‌قدر خوار و بدبخت شدم جلوی توی زنیکه بشینم زار زار گریه کنم. من جلوی اون سگهای هار نذاشتم اشکم دربیاد. فکر کردی. برو گورت رو گم کن. گم... گم... گم...

(مکث)

به تو ربطی نداره پسرم کجاست؟ خودم پیداش می‌کنم. شده تمام خاک رو زیر ورکنم پیداش می‌کنم. برو. عزرائیل. فکر کردی می‌ذارم پسرم هم عین بابای خدابیامرزش. عین بابابزرگ خدابیامرزش. عین بابای بابابزرگ خدابیامرزش. عین بابای بابای بابای بابای... بابای... بابای... با... با... بابا.

(لباس زن را زیر پاهاش می‌اندازد. به یک لباس مردانه

می‌رسد که یک آستینش گوشه‌ای افتاده.)

علیک سلام... معلوم هست شماها کجا غیبتون زد آخه؟ نگاه کن، نگاه کن. پاشو دستت رو بردار بزن قَدِ خودت. اون‌قدر دست دست کردین شماها. مگه شما نبودین می‌گفتین اون سگ هار هیچ غلطی نمی‌تونه بکنه. خودمون از پسش برمی‌آیم. پس چی شد؟ کجا غیبتون زد؟... ها؟

(مکث)

به من ربطی نداره شماها چه غلطی کردین. من فقط پسرم رو می‌خوام. همین. دیگه هیچی نمی‌خوام. باید چای و ناشتایی‌ش رو بدم. سه تا چای‌ش رو بخوره و بره دنبال کارش. بار گیرش نمی‌آد دیگه.

(مکث)

ما کجا بودیم؟ خودتون کجا بودین؟ مای بدبخت و فلک‌زده مثل همه. رفتیم اون‌ور مرز. هزار سال اونجا بودیم. بعدش گفتن باید برگردین. اگه برگردین خونه‌هاتون رو می‌سازن و هیچ‌کس کاری باهاتون نداره. ما هم خب فکر کردیم راست می‌گن و برگشتیم. ولی پدرسگها دروغ گفتن. پسرم رو ازم جدا کردن و بردن‌مون یه خراب‌شده‌ای که. وای... وای.

(مکث)

خب حالا که چی؟ تو مثلاً با این دست و پای بریده‌ت می‌خوای چه غلطی بکنی ها؟ می‌تونی پسرم رو پیدا کنی؟ می‌تونی؟

(مکث)

کی؟... کی؟... زنش؟ زن کی؟ اسم اون رو نیار که حالم به هم می‌خوره. معلوم نیست توی این بدختی رفته کدوم گوری.

(مکث)

چی؟ چی گفتی؟ زنش گفت؟ گفت چی؟... اون این حرف رو زد؟ دروغ نگی ها؟ چی؟

(مکث. عصبی.)

گفت نیست؟ غلط کرد با تو. بی‌همه‌چیز بی... برو گورت رو گم کن. زبونت رو گاز بگیر، یه بار دیگه از این حرفها بزنی... مگه شهر هرته؟ برو... برو دستت رو پیدا کن عوضی تا لااقل بتونی کثافتت رو بشوری... برو گم شو.

(لباس را پرت می‌کند به گوشه‌ای. یکباره چشمش به لباس زنی می‌خورد. انگار که می‌خواهد مخفیانه دستگیرش کند آرام آرام به سمتش می‌رود و لباس را محکم می‌گیرد.)

وایسا ببینم... کدوم گوری هستی تو؟ ها؟ خجالت نمی‌کشی.
ببند اون دهنت رو... پیش هر کس و ناکسی برمی‌گردی
می‌گی شوهرم نیست. نیست. نیست.

(مکث)

چه بلایی؟ ها؟ چه بلایی؟ هیچ خری جرئت نداره به پسر من
دست بزنه، دستش رو قلم می‌کنم. با همین دستهام خفه‌ش
می‌کنم. فهمیدی. خفه‌ش می‌کنم.

(مکث)

خودت حالت خوب نیست، اگه تو هم بخوای چیزی به‌ش
بگی زبونت رو می‌بُرم، نگاه چپ به‌ش بکنی چشم‌هات رو از
کاسه درمی‌آرم؟

(مکث)

از همون وقتی که اون وحشیِ هار، شیمیایی زد تا لب مرز و
توی اون اردوگاه، تو غُر می‌زدی روی سر بچه‌ی من، انگار اون
بدبخت این مصیبت رو نازل کرده. هنوز هم به جای اینکه
بیای کمک کنی استخونهاش رو پیدا کنیم، نشستی رو سر
من و داری غُر می‌زنی.

(مکث)

چقدر بهت گفت، چقدر گفت برنگردیم؟ هر چی اصرار کرد فایده نداشت. گوش نکردی به حرفش، اصلاً تو از همون روز اول نحس بودی، هنوز لباس عروسی رو از تنت درنیاورده بودی که اون تخم سگ حروم‌زاده‌یِ ندید بدید، هرچی بمب بوداده این و اون به‌ش داده بودن، پرت کرد رو سر مای بدبخت.

(مکث)

من؟... من؟ چرا حرف می‌ذاری دهن من؟ تازه من اگه به حرف توی گوربه‌گورگوش دادم خر بودم. وگرنه من می‌دونم پسرم بی‌خود حرفی نمی‌زنه. پسرم می‌دونه اون بی‌شرفِ بی‌ناموس دروغ می‌گه. اون می‌دونه یه روده‌ی راست توی شکم اون شکم‌گنده نیست.

(مکث)

همه دروغ می‌گن، همه دروغ می‌گن، تو هم دروغ می‌گی، اگه راست بگی به دروغ می‌گن دروغ گفت و راست‌راستی می‌کُشنت. می‌کشن. می‌کشن.

(مویه می‌کند و سپس به یکباره و بدون وقفه.)

چقدر بهت می‌گه! ها؟ چقدر می‌گه برنگردیم. ها؟ گوش می‌دی به حرفش؟ نه، گوش می‌دی؟ نمی‌دی. تو هیچ‌وقت

به حرفش گوش نمی‌دی. به حرف هیچ‌کس گوش نمی‌دی. الآن هم هی حرف خودت رو می‌زنی. گوش می‌دی به حرفش؟

(مکث)

خودم دیدم. خودم دیدم. لازم نیست هی بگی. آب دادن بهشون خب عیبی نداره، تشنه‌شونه. نوش‌جون‌شون، خودم به پسرم دوباره شیر می‌دم خوب می‌شه.

(مکث)

اینجا همه جسدن، این بی‌پدر و مادرها به جسدها هم رحم نمی‌کنن. آخه چرا، چرا گوش نمی‌دی به حرفش؟

(مکث. قهقهه می‌زند.)

نگاه کن. نگاه کن من همین استخونها رو می‌خوام. نگاه کن همه‌شون مال پسر منه. استخون‌هاش رو که جمع کنم دوباره شیرم رو بهش می‌دم تا جون بگیره، گوشت و پوست و استخون بگیره. گوشت و پوست و استخون. استخون و پوست و گوشت.

(مکث)

برمی‌گردونمش، خودم زاییدمش، اون‌موقع که من زاییدمش

تو کجا بودی که الآن برمی‌گردی می‌گی برنمی‌گرده، ها؟

(وحشی و دیوانه‌وار.)

غلط کردن، مگه من می‌ذارم. مگه من مرده باشم کسی بخواد یه مو از سر پسرم بکنه، خودم تنهایی بزرگش کردم، هم پدر بودم براش هم مادر، همه چی بودم براش، اون کسی رو غیر از من نداره، فکر کردی می‌ذارم دوباره با تو زندگی کنه، کورخوندی، یه زنی براش می‌گیرم که از حسودی چشمهات دربیاد. اصلاً باید همون وقتی که گفت برنگردیم و تو قبول نکردی، می‌کشید توی گوشِت.

(مکث)

جسد کی؟... ها جسد کی؟... (فریاد می‌کشد.) خب ندن؟ اونها خرِکی هستن که بخوان بِدن یا ندن، خودم پیداش می‌کنم. برش می‌گردونم. هزار بار هم تیکه تیکه‌ش کنن دوباره به دنیا می‌آرمش. فکر نکن نمی‌تونم. نگاه کن. تیکه تیکه‌ی استخونهاش رو می‌شناسم. این استخون صورتشه. (یکی یکی استخوانها را می‌بوسد.) این همون انگشت‌شه که همیشه وقتی شیر می‌خواست گازش می‌گرفت. این دست چپ‌شه، چپ دست بود پسرم. این یکی دست راست‌شه، نگاه کن هنوز جای شکستگی روش مونده، رانندگیش خیلی خوب بود، هنوز هم هست، فقط یه بار تصادف کرد، این شکستگی مال همون زمانه‌ست، فکر کردی یادم نیست؟

ده تا بخیه خورد. یکی از مهره‌های کمرش‌هم جابه‌جا شد.

(صدای گله‌ای سگِ هار درحال تکه تکه‌کردن و دریدن آرام آرام همه‌جا را پُر می‌کند.)

خودم خاکش می‌کنم، این همه خاک، نگاه کن. چیزی که زیاده خاکه. اون‌قدر خاکش می‌کنم تا دست هیچ‌کس به‌ش نرسه. با همین ناخونهام براش قبر می‌کنم.

(مکث. فریادکشان و دیوانه‌وار.)

نه، نه، نمی‌ذارم، بیارینش اینجا، کجا می‌برینش؟ اون بچه‌ی منه، دارم استخونهاش رو پیدا می‌کنم، خیلی از استخونهاش رو پیدا کردم، نگاه کنین این استخون صورت‌شه.

(یکی یکی استخوانها را با خنده‌های هیستریک می‌بوسد.)

این همون انگشت‌شه که همیشه وقتی شیر می‌خواست گازش می‌گرفت.

(با تحکم)

نبریش، نبرینش. این دست چپ‌شه، چپ‌دست بود پسرم. این یکی دست راست‌شه، نگاه کنین هنوز جای شکستگی روش مونده، کجا دارین می‌برینش لاشخورها.

(مکث. به التماس می‌افتد.)

باورکنین اون هیچ گناهی نکرده، فقط یه بار تصادف کرده، این شکستگی مال همون موقع‌ست، یادتون نیست؟ ده تا بخیه خورد؟ یکی از مهره‌های کمرش جابه‌جا شد؟

(مکث. خشمگین)

نبرینش، کجا می‌برینش؟ می‌خوام شیرش بدم بی‌پدر و مادرها. چرا نمی‌فهمین؟ داره انگشتش رو گاز می‌گیره همون انگشتی که همیشه وقتی شیر می‌خواست گازش می‌گرفت.

(با فریادهای پی‌درپی.)

نه، نه، نمی‌ذارم، نمی‌ذارم، نمی‌ذارم بندازینش جلوی سگها. ولم کنین، ولم کنین، اصلاً می‌خوام بخورمش، می‌خوام بخورمش، می‌خورمش، خودم می‌خورمش، دوباره برمی‌گردونمش. اینجا، نُه ماه اینجا بوده، عادت داره به اینجا، می‌خورمش، چرا سگهای هار بخورنش خودم می‌خورمش. ولم کنین، ولم کنین. نمی‌ذارم سگها بخورنش، نمی‌ذارم بندازینش جلوی اون سگهای هار.

(صدای سگهای هار به اوج می‌رسد.
مادر دیوانه‌وار در حالی که به گونه‌هاش چنگ می‌اندازد، قهقهه می‌زند.
صداها آرام می‌گیرند.

قهقهه‌های مادر به مویه‌ای تبدیل می‌شود و مرثیه‌ای سوزناک
که در سوگ پسرش زیرلب می‌خواند.)

نگارخانه

عکاس: مهدی عباسی‌زاده
هاری، اجرا جشنواره تئاتر شهر، تهران، ۱۳۹۱ (عکس ۱ و ۲)

عکاس: حمید نیک‌خواه
هاری، اجرا فرهنگسرای مریوان، ۱۳۹۱ (عکس ۳ و ۴)

عکاس: نسترن فلاح
ژان، جشنواره تئاتر تک نفره، فرهنگسرای نیاوران، تهران، ۱۳۹۲ (عکس ۵ و ۶)

عکاس: مهدی جلالی سروستانی
هاری، حوزه هنری، بوشهر، ۱۳۹۵ (عکس ۷ و ۸)

عکاس: خالد سعیدپور
هاری، سالن آمفی تئاتر ارشاد، سقز، ۱۳۹۷ (عکس ۹ و ۱۰)

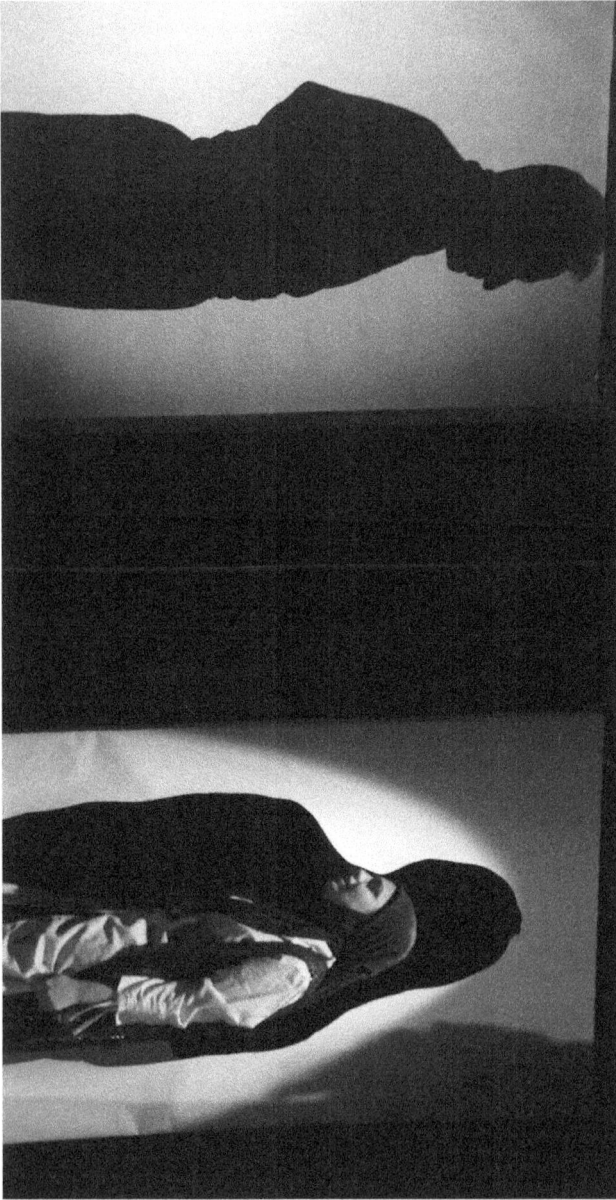

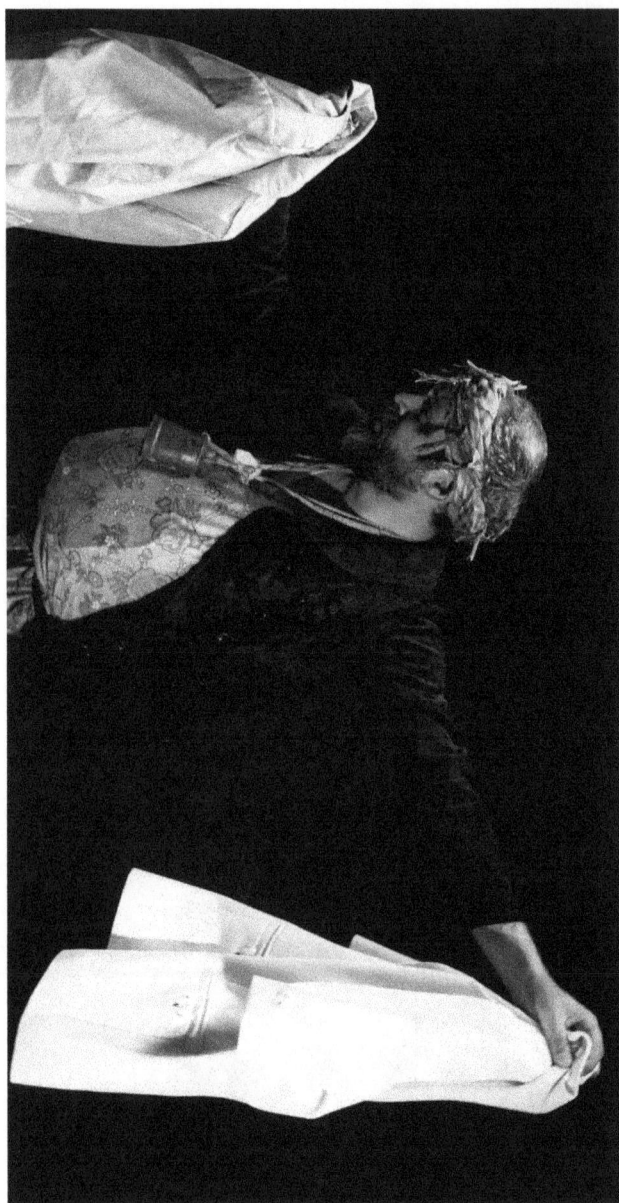

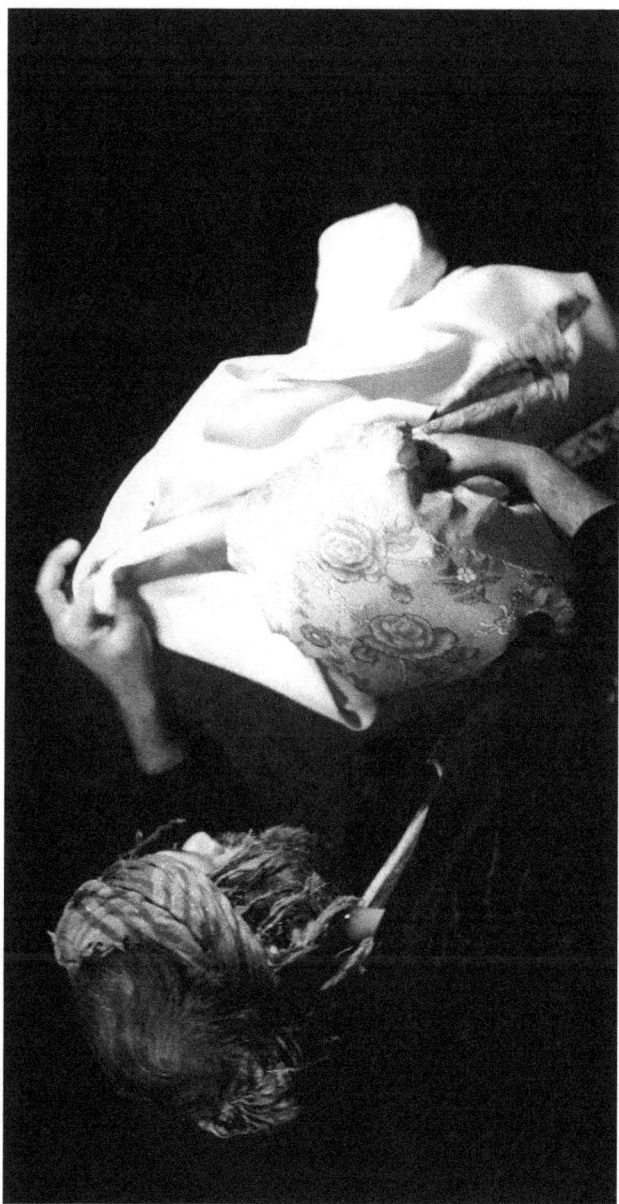

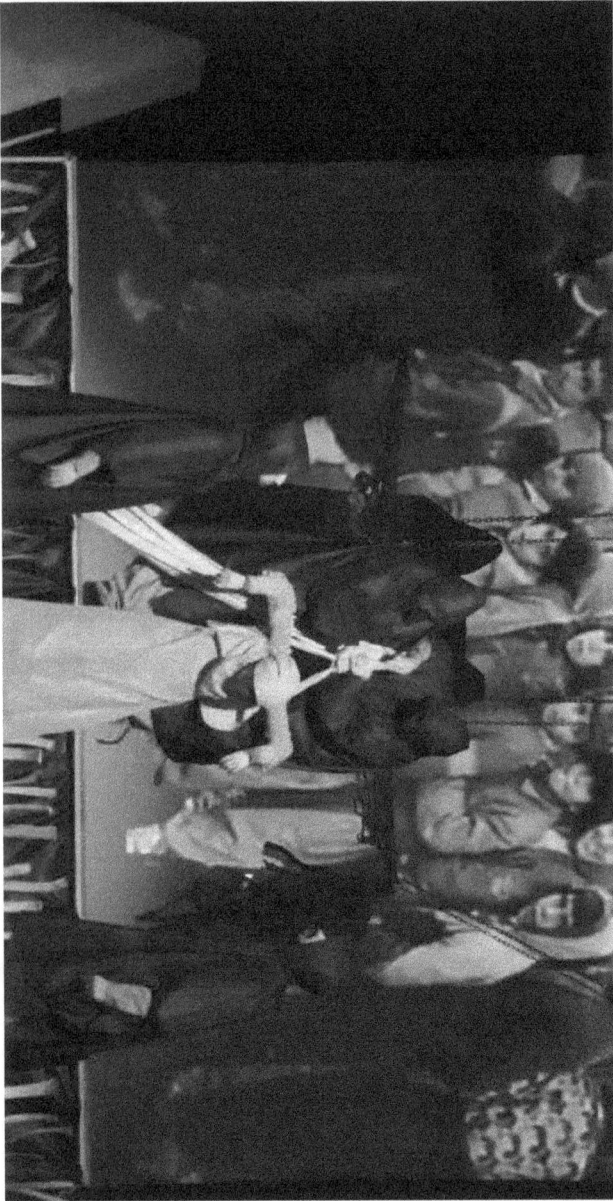